APRENDENDO HEBRAICO:

O Alfabeto

Livro de atividades para iniciantes

Aprendendo Hebraico: O Alfabeto - Livro de atividades para iniciantes

Todos os direitos reservados. Ao adquirir este Livro de Atividades, o comprador está autorizado a copiar as fichas de atividades apenas para uso pessoal e em sala de aula, mas não para revenda comercial. Com exceção do acima exposto, este Livro de Atividades não pode ser reproduzido total ou parcialmente de nenhuma maneira sem a permissão por escrito da editora.

Bible Pathway Adventures® é uma marca registrada da BPA Publishing Ltd.

ISBN: 978-1-98-858556-7

Autora: Pip Reid

Diretor Criativo: Curtis Reid

Para recursos bíblicos gratuitos e pacotes para professores, incluindo páginas para colorir, planilhas, questionários e muito mais, visite nosso site em:

shop.biblepathwayadventures.com

 # Introdução para os pais

Divirta-se enquanto ensina o alfabeto Hebraico a seus filhos com *Aprendendo Hebraico: o alfabeto*, nosso livro interativo de atividades para iniciantes. Recheado de planilhas divertidas e uma prática tabela do Alfabeto Hebraico, ele vai ajudar educadores como você a ensinar o básico do alfabeto hebraico às crianças e lhes dar uma ideia da vida cotidiana do povo hebraico. O recurso de discipulado perfeito para alunos de ensino domiciliar, professores da Escola Bíblica Dominical e pais.

Para mostrar como cada letra era entendida pelos hebreus, incluímos 22 atividades de colorir e explicações curtas. Além disso, trouxemos muitas oportunidades para seus filhos praticarem por escrito tudo que aprenderam. Crianças expostas ao hebraico, especialmente aquelas adquirindo conhecimento sobre a Torá, ganharão maior compreensão bíblica e um amor mais profundo pelo povo da Bíblia.

A Bible Pathway Adventures ajuda educadores e pais a ensinar às crianças uma fé bíblica de forma divertida e criativa. Fazemos isso através dos nossos livros de histórias ilustradas, pacotes para professores e atividades para impressão - disponíveis para download em nosso site www.biblepathwayadventures.com

A busca pela Verdade é mais divertida do que a Tradição!

Índice

Introdução	3
Tabela do Alfabeto Hebraico	5
Viajantes no tempo da Torá	6
Você sabia?	7
Álef	8
Bet	10
Guímel	12
Dálet	14
He	16
Vav	18
Záin	20
Hét	22
Tét	24
Yod	26
Kaf	28
Lamed	30
Mem	32
Nun	34
Samekh	36
Áyn	38
Pê	40
Tsade	42
Quf	44
Resh	46
Shin	48
Tav	50
Descubra mais livros de atividades!	52

O Alfabeto Hebraico

	Moderno	Paleo	Pictograma
Álef	א		
Bet	ב		
Guímel	ג		
Dálet	ד		
He	ה		
Vav	ו		
Záin	ז		
Hét	ח		
Tét	ט		
Yod	י		
Kaf	כ		
Lamed	ל		
Mem	מ		
Nun	נ		
Samekh	ס		
Áyn	ע		
Pê	פ		
Tsade	צ		
Quf	ק		
Resh	ר		
Shin	ש		
Tav	ת		

Viajantes no tempo da Torá

É divertido aprender o alfabeto hebraico com Bible Pathway Adventures! Dentro deste livro você encontrará três formas de Hebraico — pictograma, paleo e moderno — para ajudar seus pequenos guardiães da Torá a experimentarem a língua hebraica conforme ela se desenvolveu ao longo do tempo. E como cada palavra é uma imagem, acrescentamos atividades práticas de colorir que os ajudam a lembrar do que aprenderam.

Pictograma hebraico: Esta forma de Hebraico é usada para entender a imagem e definição de cada letra hebraica. Estas figuras dão uma compreensão concreta do que cada letra Hebraica representa.

Paleo-hebraico: Este é o Hebraico que a maioria dos primeiros escritores teria usado até a época do escriba Esdras e da adoção do estilo aramaico/babilônico de escrita, após o exílio na Babilônia.

Escrita moderna: A maioria dos livros modernos é em escrita moderna. Compreender esta escrita prepara o aluno para as seções de leitura e estudo de sua jornada pela língua Hebraica.

 Você sabia?

O Hebraico é escrito e lido da direita para a esquerda.

O Hebraico é uma das línguas originais da Bíblia.

O alfabeto Hebraico tem vinte e duas letras.

O alfabeto Hebraico não tem vogais.

Quando você aprende Hebraico, as vogais são adicionadas às palavras na forma de pequenos pontos. Estes pontos aparecem acima, abaixo ou dentro de uma letra. Este sistema de pontos e traços (chamado nekudá ou nekudah) mostra como pronunciar uma palavra hebraica.

✦ Álef ✦

O boi era um animal muito importante para o povo hebreu.
O boi lavrava seus campos, o que os ajudava
a cultivar e a alimentar suas famílias.

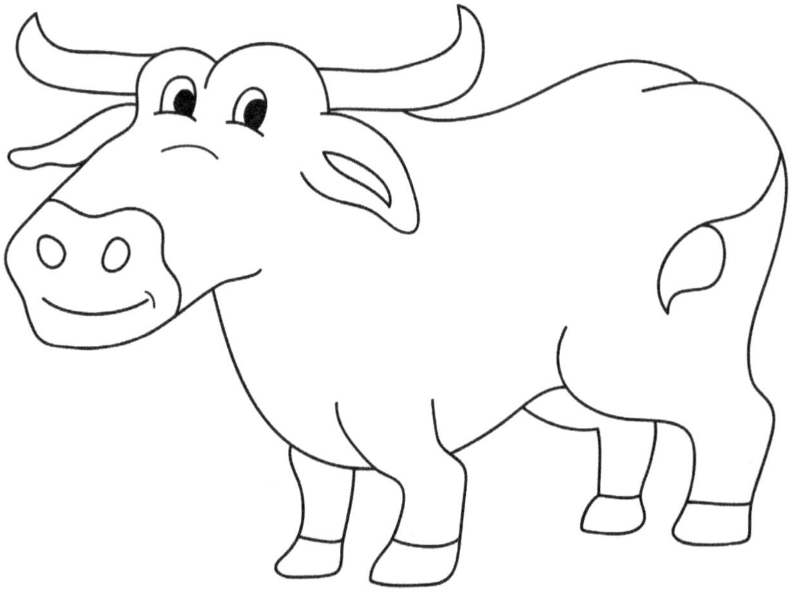

Álef

Boi

Força

Líder

moderno

paleo

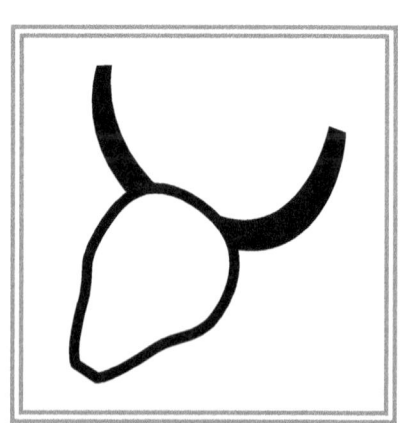
pictograma

Vamos escrever!

Pratique a escrita destas letras Hebraicas nas linhas abaixo.

✶ Bet ✶

O povo hebreu vivia em tendas de pelo de cabra. Essas tendas eram divididas ao meio – um lado para os homens e outro para as mulheres. A casa era um lugar de proteção e mantinha a família em segurança.

Bet

Casa

Tenda

Interior

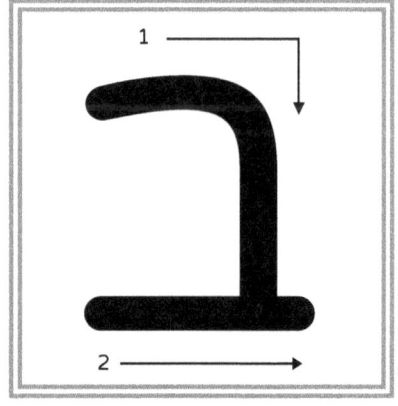
moderno

paleo

pictograma

Vamos escrever!

Pratique a escrita destas letras Hebraicas nas linhas abaixo.

✦ Guímel ✦

A letra guímel é uma imagem de um pé e um camelo. O que é que pés e camelos têm em comum? Assim como os pés carregam o corpo, os camelos eram usados para carregar os pertences do povo hebreu.

Guímel

Pé

Camelo

Orgulho

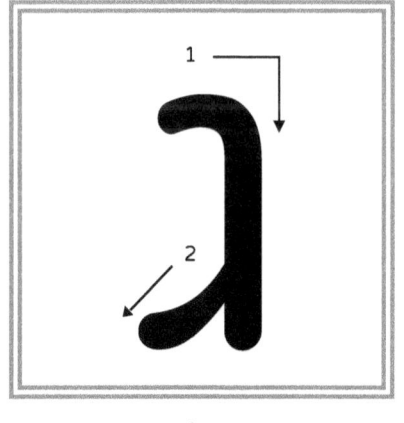

moderno

paleo

pictograma

Vamos escrever!

Pratique a escrita destas letras Hebraicas nas linhas abaixo.

✹ Dálet ✹

Tal como nossas casas hoje em dia, tendas hebraicas tinham uma porta. A porta era feita de uma cortina pendurada num poste horizontal que cobria a abertura das tendas.

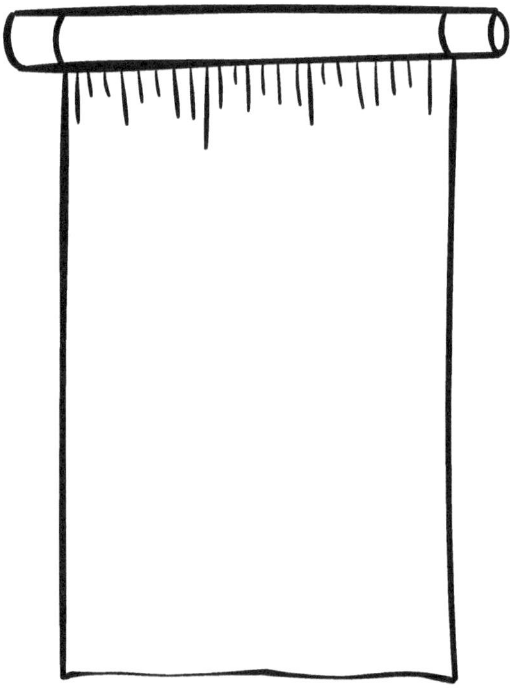

Dálet

Porta

Caminho

Entrar

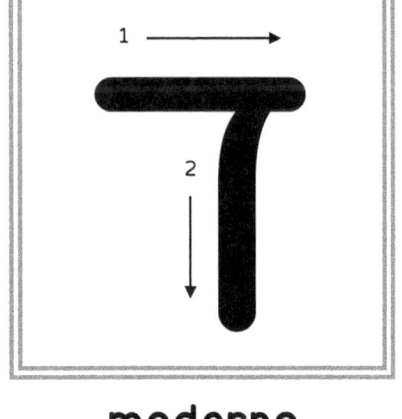
moderno

paleo

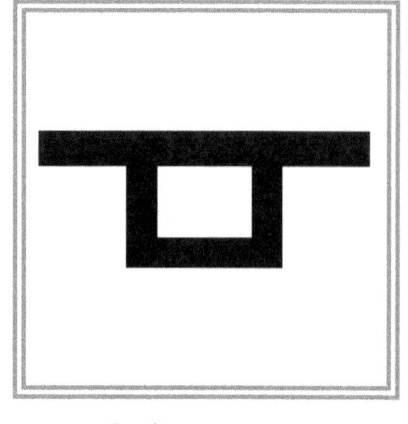
pictograma

Vamos escrever!

Pratique a escrita destas letras Hebraicas nas linhas abaixo.

He

A letra He é representada pela imagem de um homem com as mãos levantadas. Ele está olhando para uma grande vista e aguardando orientações. Os hebreus esperavam Yah lhes dizer para onde eles deveriam ir.

Olhe para cima

Espere por orientações

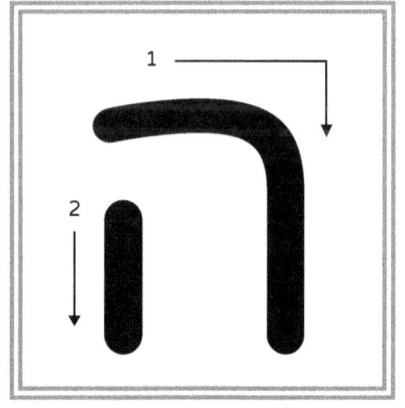      

moderno   paleo   pictograma

Vamos escrever!

Pratique a escrita destas letras Hebraicas nas linhas abaixo.

Vav

Os hebreus usavam estacas de tendas para garantir que suas tendas não voariam para longe nem tombariam. As estacas eram firmemente fincadas no chão, e as tendas ficavam firmes mesmo durante ventanias e tempestades.

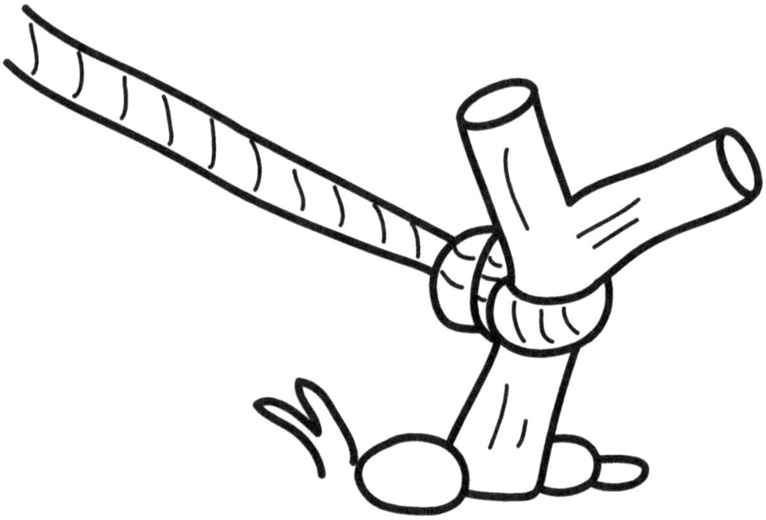

Vav

Prego
Estaca
Conectar

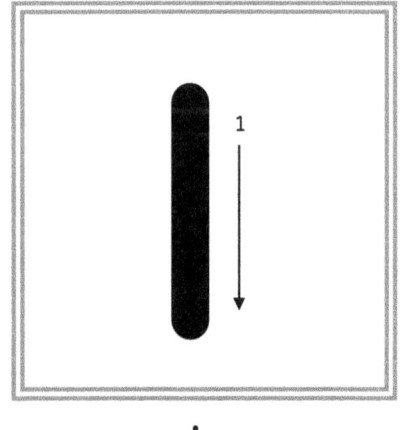

moderno

paleo

pictograma

Vamos escrever!

Pratique a escrita destas letras Hebraicas nas linhas abaixo.

Záin

A enxada é uma ferramenta agrícola usada para arar os campos e preparar o solo para o cultivo. A enxada também podia ser usada para cortar plantas e como arma para combater inimigos.

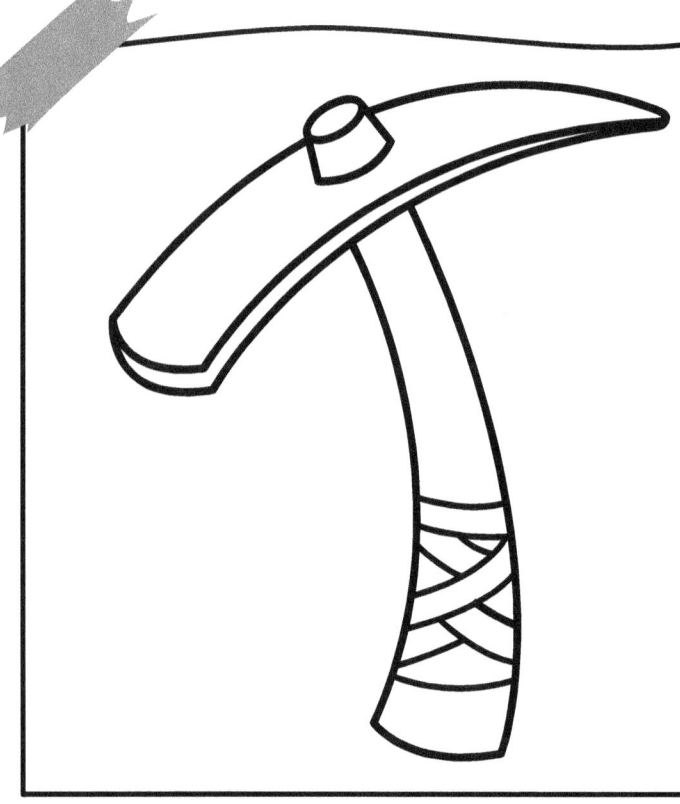

Záin

Arado

Arma

Cortar

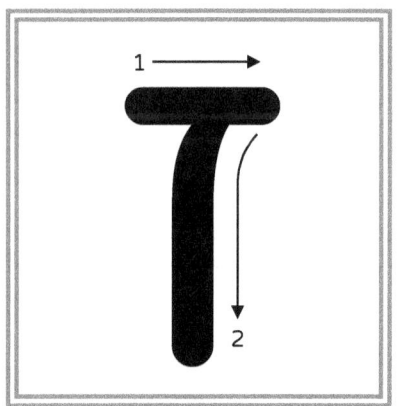
moderno

paleo

pictograma

Vamos escrever!

Pratique a escrita destas letras Hebraicas nas linhas abaixo.

✶ Hét ✶

A parede da tenda era usada para dividir o interior de uma casa entre homens e mulheres. Uma parede de tenda também envolve a casa para proteger o que está dentro dos perigos de fora.

Parede da tenda

Cerca

Separar

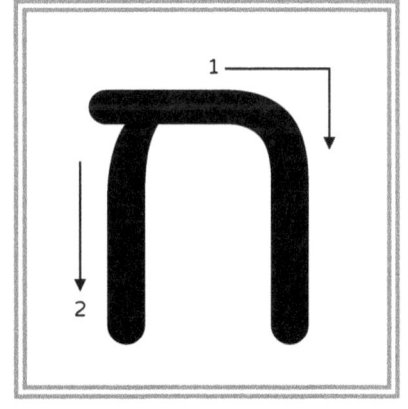

moderno

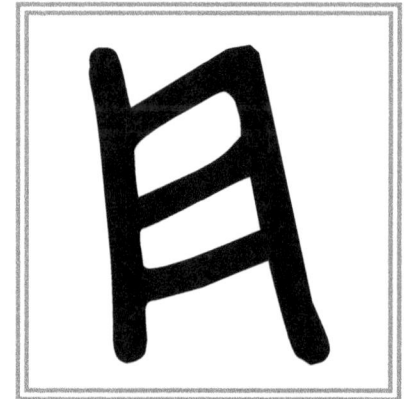

paleo

pictograma

Vamos escrever!

Pratique a escrita destas letras Hebraicas nas linhas abaixo.

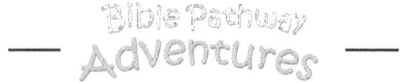

Tét

Cestos eram importantes porque o povo hebreu não tinha geladeiras. Comida e objetos de valor eram armazenados em cestos.

Tét

Cesto

Cobra

Cercar

moderno

paleo

pictograma

© BPA Publishing Ltd 2020

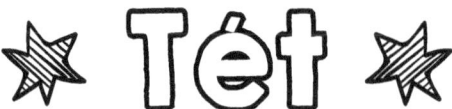

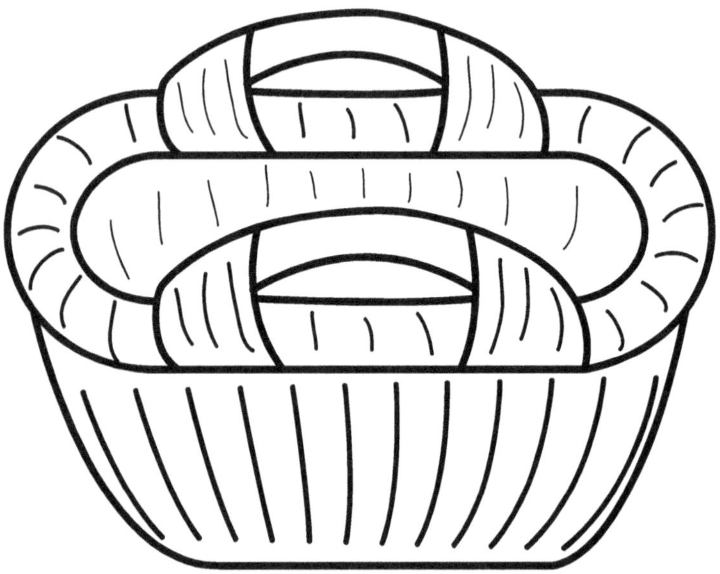

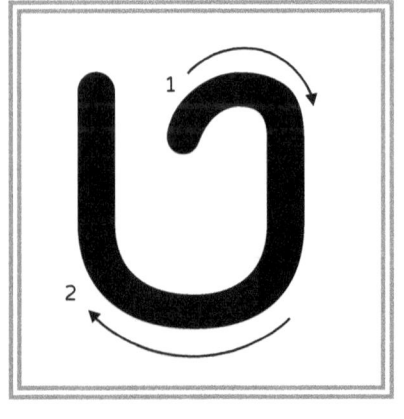

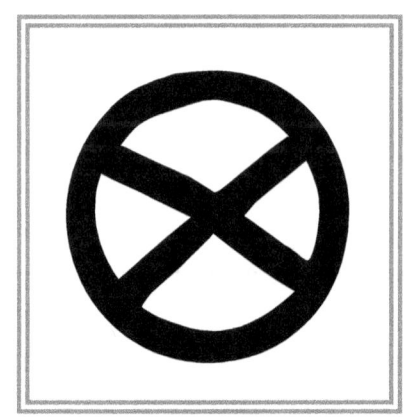

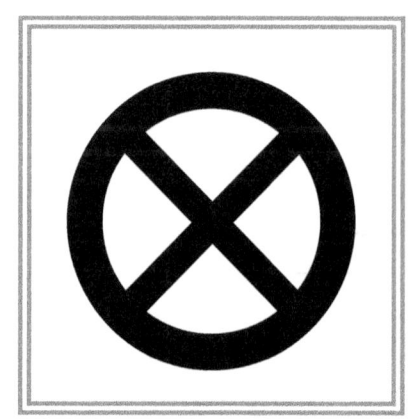

Vamos escrever!

Pratique a escrita destas letras Hebraicas nas linhas abaixo.

✦ Yod ✦

O Yod é a mão. A mão é a parte do seu corpo que trabalha. A mão também é a forma pela qual cuidamos e damos uns aos outros.

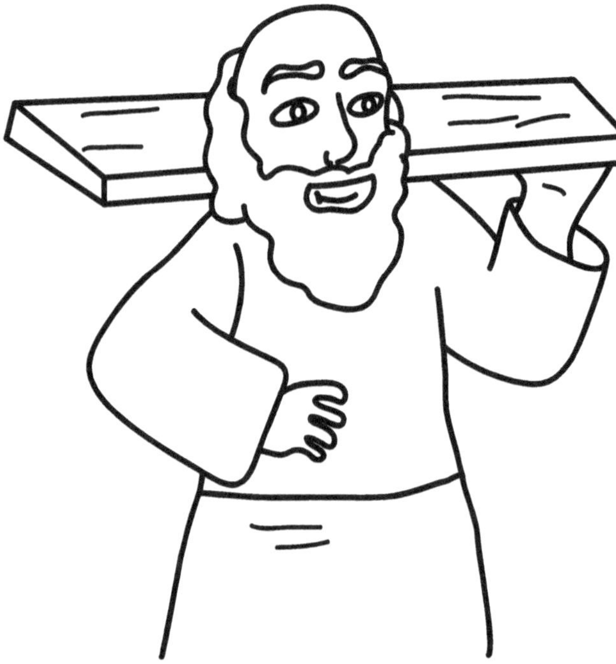

Yod

Braço
Mão
Trabalho

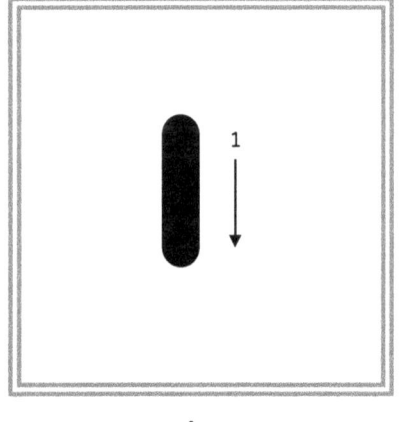
moderno

paleo

pictograma

Vamos escrever!

 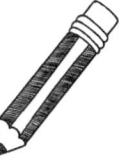

Pratique a escrita destas letras Hebraicas nas linhas abaixo.

✶ Kaf ✶

Olhe para as palmas das suas mãos. Quando você as posiciona corretamente, suas mãos são como dois copos feitos especialmente por Yah para receber Suas bênçãos.

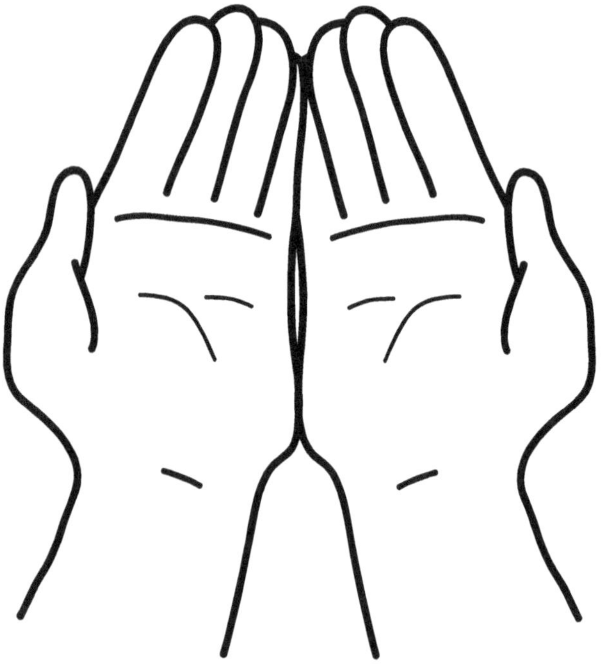

kaf

Palma da Mão
Aberta
Bênção

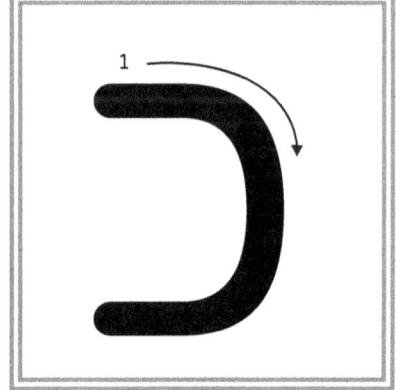
moderno

paleo

pictograma

Vamos escrever!

Pratique a escrita destas letras Hebraicas nas linhas abaixo.

✶ Lamed ✶

Pastores usavam um cajado para proteger e guiar as ovelhas. Na cultura hebraica, a pessoa com um cajado de pastor era a pessoa responsável.

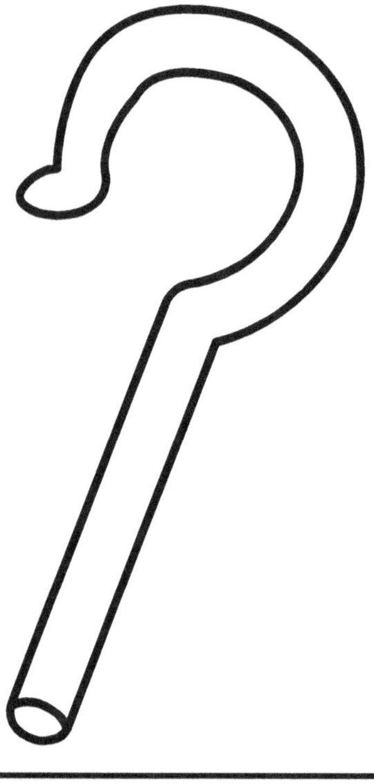

Lamed

Cajado

Controlar

Liderar

moderno   paleo 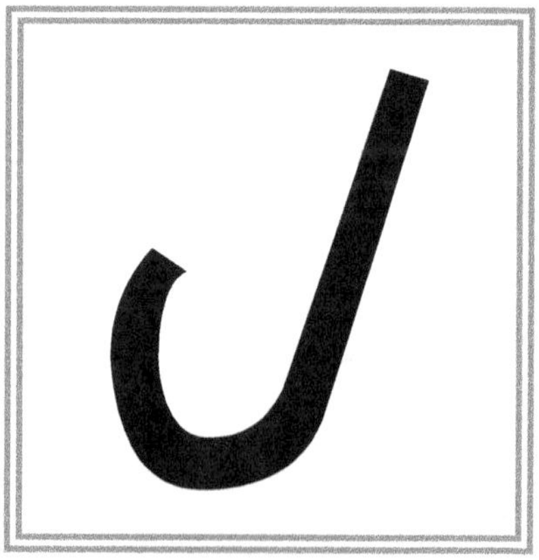   pictograma

Vamos escrever!

Pratique a escrita destas letras Hebraicas nas linhas abaixo.

ד

ל

ן

Mem

A água é parte fundamental da vida. Mem representa a água que se move como um rio ou um riacho. Também descreve o sangue bombeado pelo nosso coração para carregar coisas importantes em nossos corpos.

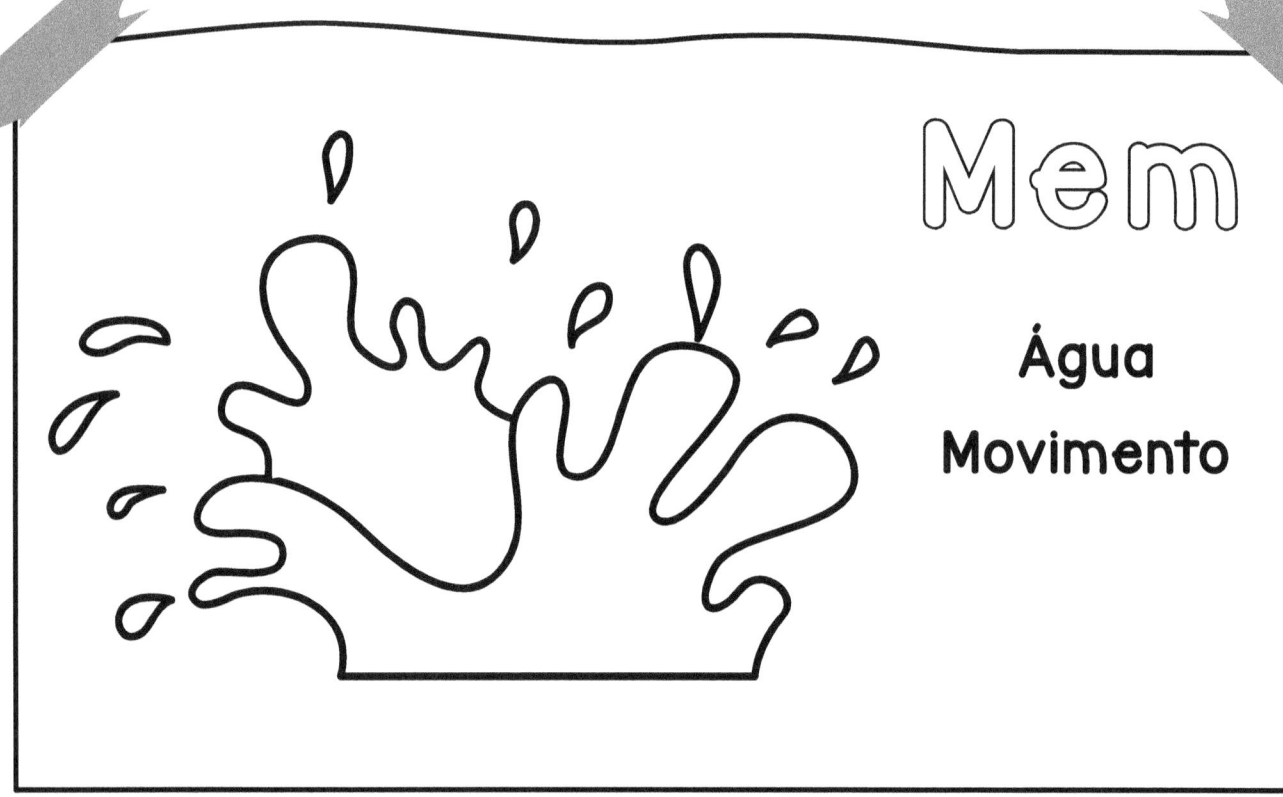

Mem

Água

Movimento

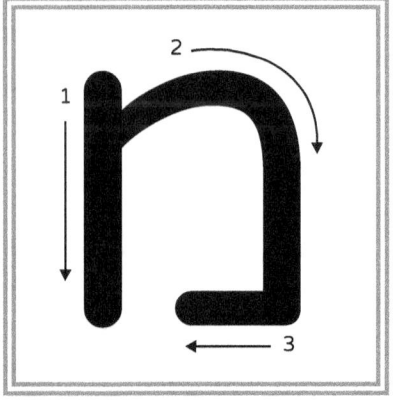

moderno

paleo

pictograma

 # Vamos escrever!

Pratique a escrita destas letras Hebraicas nas linhas abaixo.

⭐ Nun ⭐

Nun significa semente e vida. As sementes são colocadas no solo para cultivar frutas e vegetais. Sementes também representam pessoas. Sementes e pessoas deram vida a gerações de hebreus.

Nun

Semente

Atividade

Vida

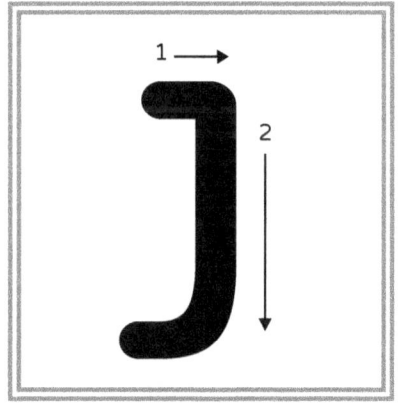
moderno

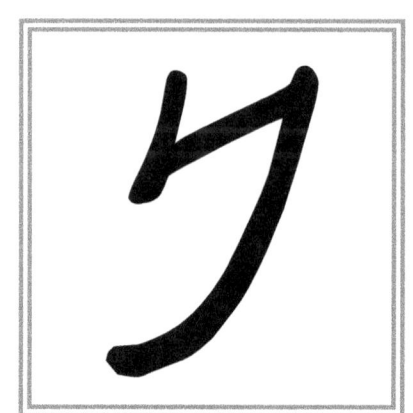
paleo

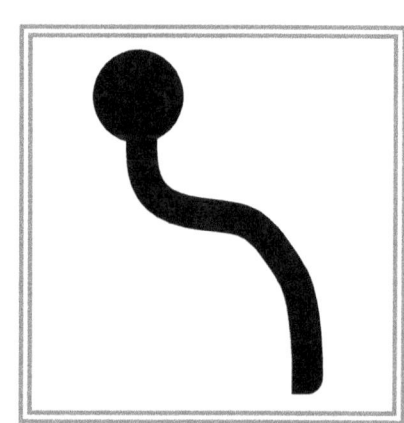
pictograma

Vamos escrever!

Pratique a escrita destas letras Hebraicas nas linhas abaixo.

ן

ך

ן

✦ Samekh ✦

O Samekh é um espinho. Espinhos espetam. Quando alguém pisa num espinho, é forçado a parar. Espinhos eram usados como cercas para proteger as ovelhas dos predadores enquanto elas pastavam.

Samekh

Espinho

Parar

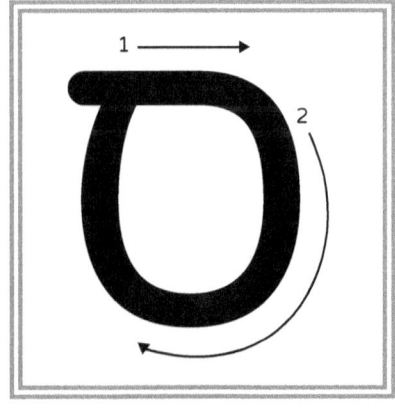
moderno

paleo

pictograma

Vamos escrever!

Pratique a escrita destas letras Hebraicas nas linhas abaixo.

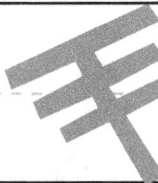

✶ Áyn ✶

O olho é como vemos o mundo. No hebraico, os olhos são representados por um olho. O motivo disso é que, embora tenhamos dois olhos, só vemos uma imagem.

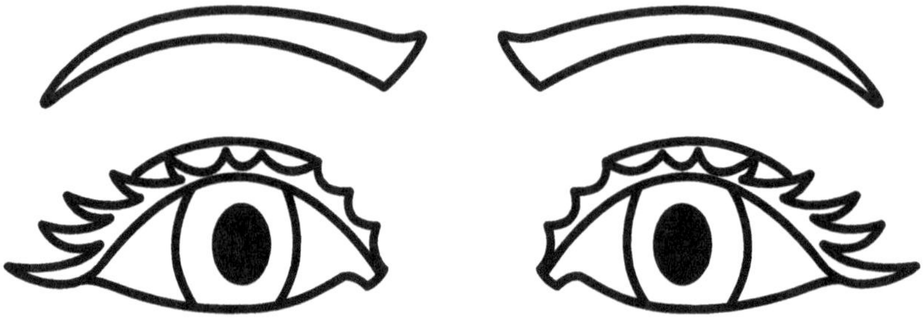

Áyn

Olho

Ver

Experimentar

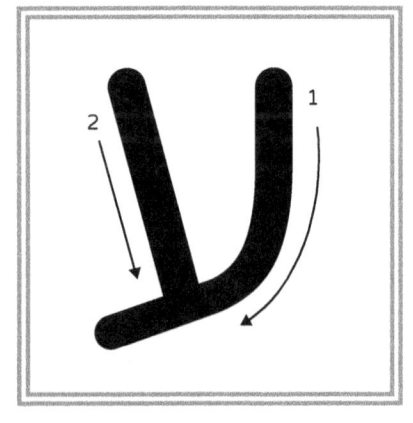

moderno

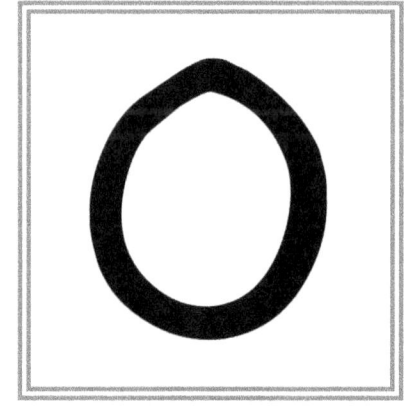

paleo

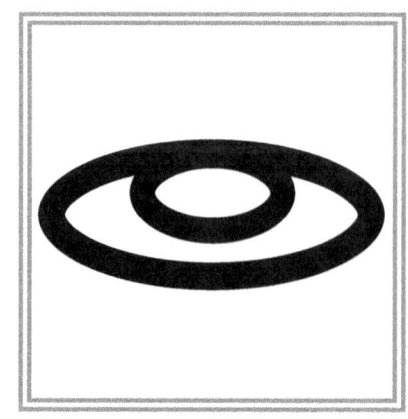

pictograma

Vamos escrever!

Pratique a escrita destas letras Hebraicas nas linhas abaixo.

✦ Pê ✦

A boca é usada para saborear e falar. O que pomos na boca faz com que nosso corpo se sinta melhor. E o que falamos por ela deve fazer as pessoas se sentirem melhor.

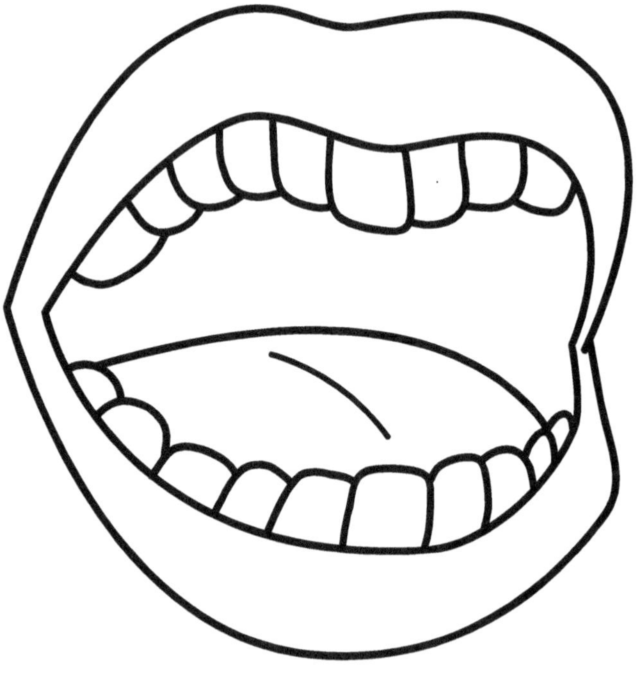

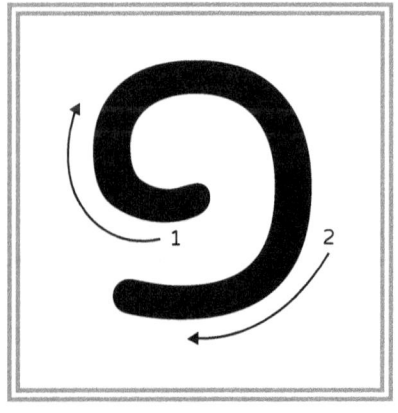

pê

Boca
Abertura
Falar / Soprar

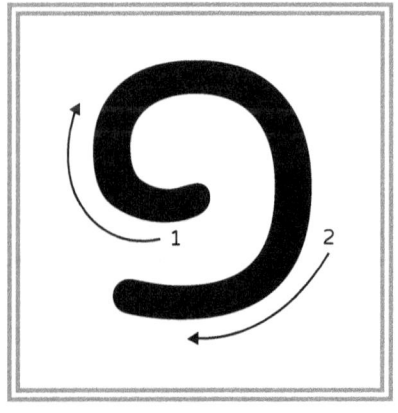
moderno

paleo

pictograma

Vamos escrever!

Pratique a escrita destas letras Hebraicas nas linhas abaixo.

פ

ז

ס

Tsade

O Tsade é uma imagem de uma pessoa esperando ou caçando. O caçador precisa caçar para sobreviver. Na cultura hebraica, uma pessoa só caçava para viver.

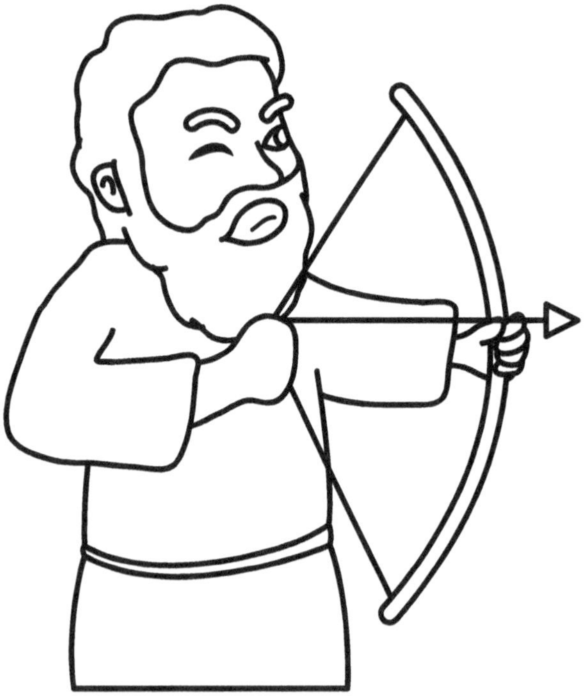

Tsade

Ir atrás

Precisar

Caçar

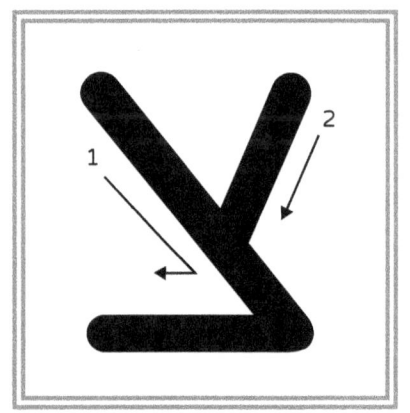
moderno

paleo

pictograma

Vamos escrever!

Pratique a escrita destas letras Hebraicas nas linhas abaixo.

✦ Quf ✦

O Quf é uma imagem do sol no horizonte ou de um aglomerado de luz. Um por do sol é uma aglomeração de luz num lugar para sabermos que o dia terminou.

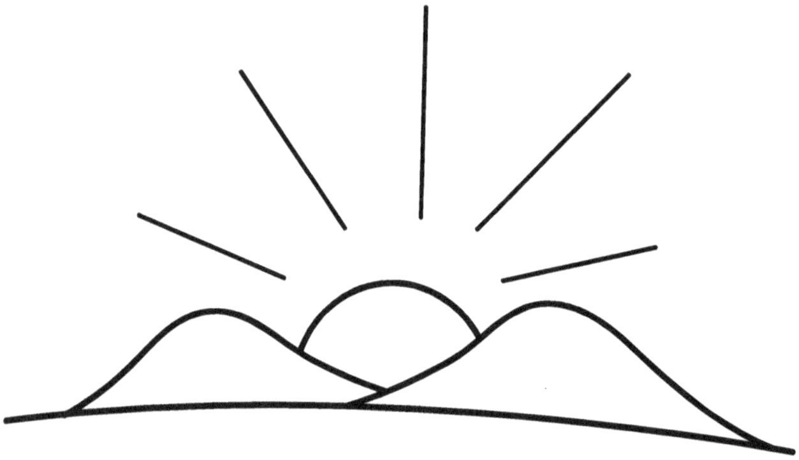

Quf

Por do sol

Atrás de

Além de

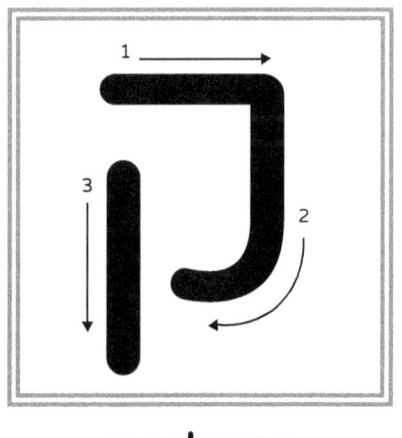
moderno

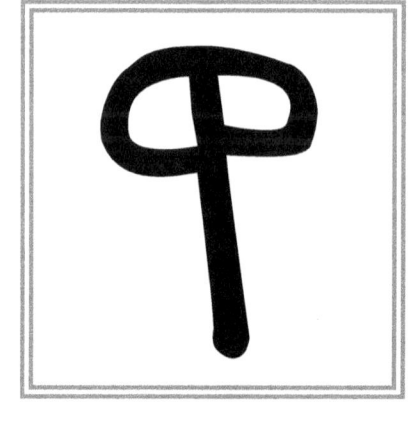
paleo

pictograma

Vamos escrever!

Pratique a escrita destas letras Hebraicas nas linhas abaixo.

ן

ק

ט

Resh

A cabeça de uma pessoa controla todo o seu corpo. A cabeça está no topo do corpo. Em hebraico, ela pode representar algo que vem primeiro ou que está no início.

Resh

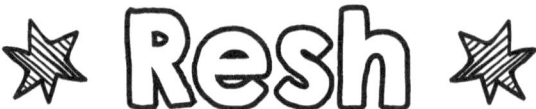

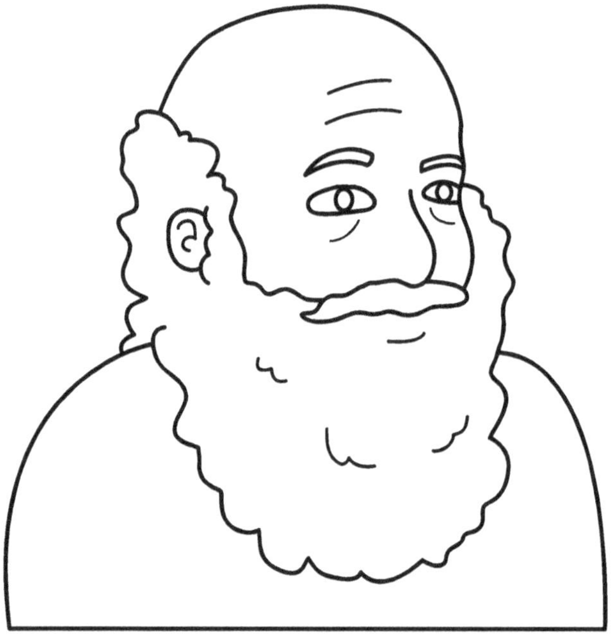

Cabeça

Pessoa

Primeiro

moderno

paleo

pictograma

© BPA Publishing Ltd 2020

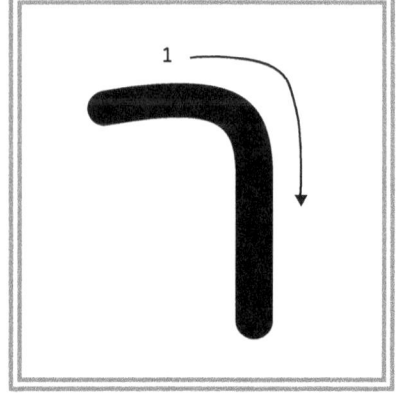

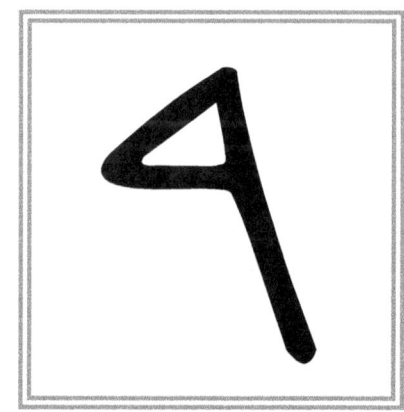

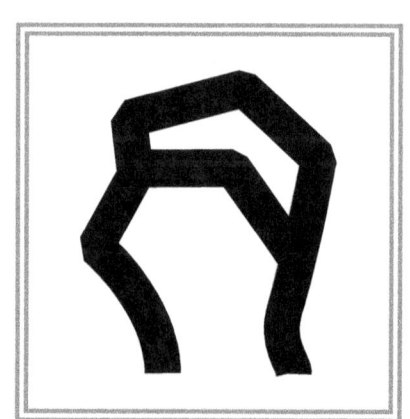

Vamos escrever!

Pratique a escrita destas letras Hebraicas nas linhas abaixo.

Shin

Os dentes são usados para separar a comida. E a comida é usada para alimentar nosso corpo e para que fiquemos grandes e fortes. Shin é uma imagem que representa separação e nutrição.

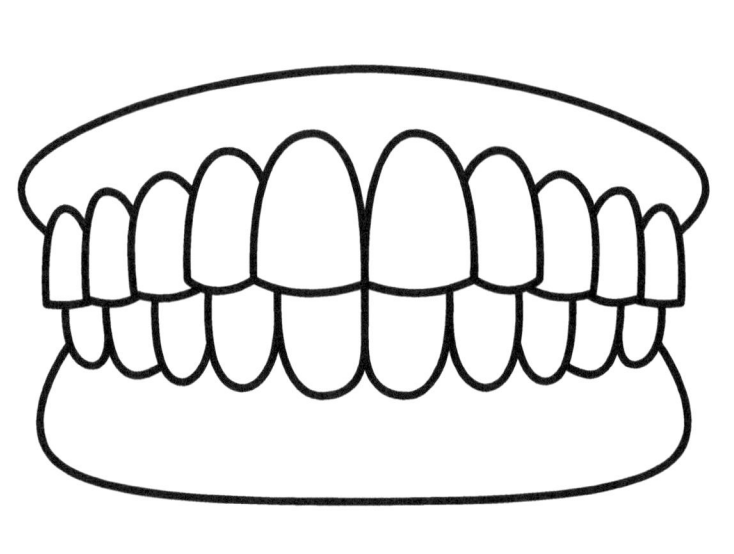

Shin

Comer

Destruir

Separar

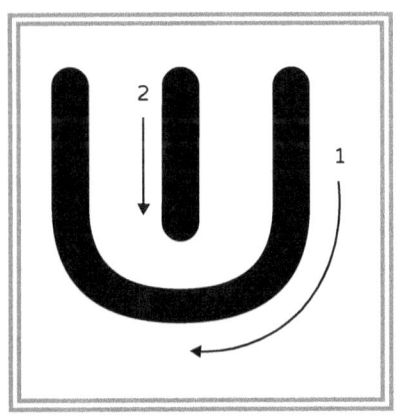
moderno

paleo

pictograma

 # Vamos escrever!

Pratique a escrita destas letras Hebraicas nas linhas abaixo.

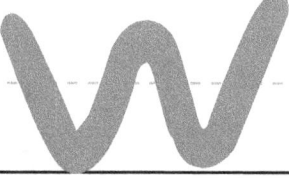

Tav

O Tav é uma imagem de dois gravetos cruzados. Os gravetos eram posicionados assim para mostrar a uma pessoa que ela tinha chegado a um lugar especial. Esses gravetos eram usados como lembrete de um acordo entre duas pessoas.

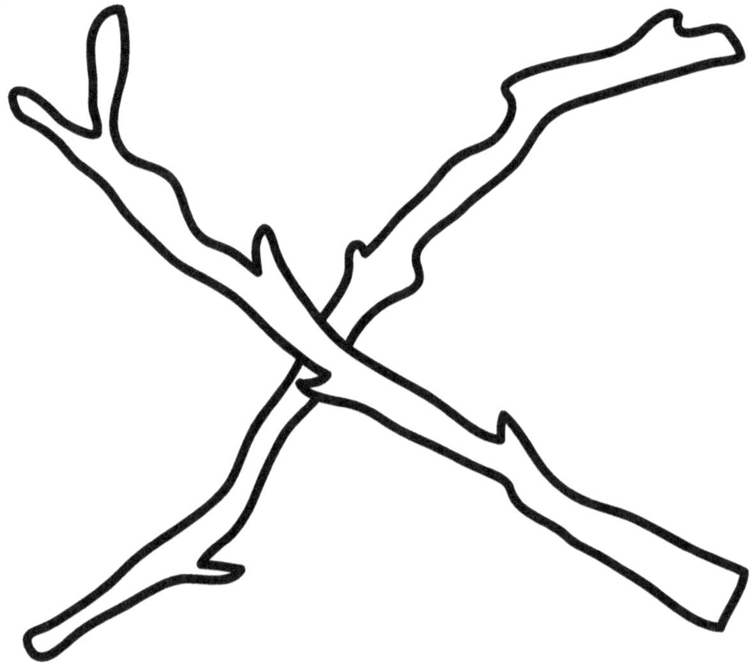

Tav

Marca

Sinal

Acordo

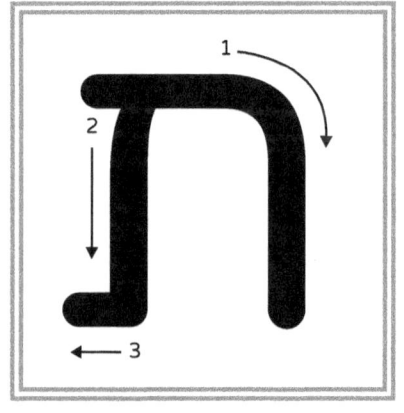
moderno

paleo

pictograma

Vamos escrever!

Pratique a escrita destas letras Hebraicas nas linhas abaixo.

Descubra mais livros de atividades!

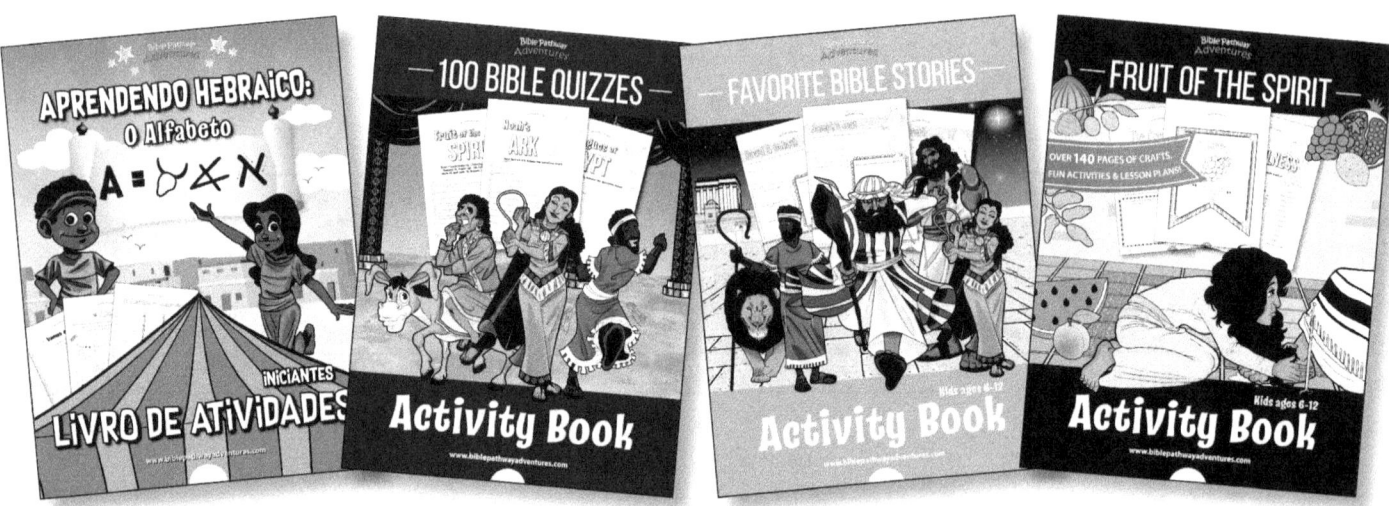

Disponíveis para compra em shop.biblepathwayadventures.com

DOWNLOAD INSTANTÂNEO!

Aprendendo Hebraico: O Alfabeto
100 Bible Quizzes
Favorite Bible Stories
Fruit of the Spirit

Bereshit / Genesis
Shemot / Exodus
Vayikra / Leviticus
B'Midbar / Numbers